LH 4.
421.

GUERRE D'ORIENT

LETTRES
D'UN SAINT-CYRIEN

PAR

ÉMILE GELÉ,

SOUS-LIEUTENANT AU 17ᵉ BATAILLON DE CHASSEURS.

Prix : 50 centimes.

PARIS,
AU CAFÉ PARISIEN, RUE MONTMARTRE, 150.

1856

La guerre d'Orient, par l'importance des intérêts politiques de l'Europe, par les péripéties si terribles et si glorieuses de cette lutte acharnée, par les souvenirs de gloire pour les uns, de deuil pour les autres, mais d'un ardent patriotisme pour tous; la guerre d'Orient, disons-nous, sera aussi populaire dans notre histoire nationale que les fastes les plus mémorables qui ont porté si haut et si loin la gloire de la France.

Aussi nous avons pensé qu'on nous saurait gré d'apporter quelques matériaux aux historiens futurs de cette guerre d'Orient, si glorieuse pour notre pays. Ce modeste bagage puise surtout son intérêt dans les détails intimes de la vie militaire, résultat des impressions de tous les instants d'un jeune officier mort glorieusement à la terrible attaque du Mamelon-Vert.

Emile Gelé, nom de notre jeune héros, est né à Saint-Quentin. Après avoir obtenu de brillants succès aux colléges de Saint-Quentin et de Versailles, il fut admis le quatorzième à l'école de Saint-Cyr; sorti dans les cent premiers, en 1853, de cette pépinière de héros, il entra au 17e bataillon des chasseurs à pied comme sous-lieutenant.

Après avoir passé quelque temps en Afrique, cette terre qui fut témoin de tant de beaux faits d'armes depuis 1830, notre jeune officier rentra en France et fit partie du camp du Midi. Il reçut avec bonheur l'ordre de partir pour l'Orient; il dit alors adieu à la France, qu'il ne devait plus revoir, et s'embarqua pour la Crimée, tombeau glorieux de tant de héros.

Gelé prit part à toutes les principales attaques et trouva enfin la mort des braves au fameux Mamelon-Vert; notre jeune héros n'avait que vingt-deux ans : vie courte, mais bien remplie et bien méritante. Il avait envoyé sa dernière lettre (6 juin) la veille de sa mort.

Nous ne pourrions donner avec impartialité notre opinion sur le mérite des lettres de notre jeune officier, dont la mort glorieuse est si regrettable pour son pays et pour ses amis, et si douloureuse pour son père, honorable négociant, et pour sa sœur, si digne d'un tel frère. Nous laissons donc le public apprécier et juger de ces lettres, publiées sans aucune prétention, sinon comme souvenir de la guerre d'Orient. Puisse son jugement être bienveillant et favorable à la mémoire de notre brave Emile Gelé.

GUERRE D'ORIENT.

LETTRES D'UN SAINT-CYRIEN A SON PÈRE.

Toulouse, le 2 janvier 1854.

Je t'apprends que je vais passer au 17ᵉ bataillon qui va se former à Toulouse. Je suis proposé pour aller à l'Ecole de tir, à Vincennes. Ainsi il est probable qu'au mois de février, vers la fin, je pourrai t'embrasser, ainsi que Juliette.

Je te présente mes souhaits de bonne année, en te souhaitant beaucoup de chance dans tes affaires et une bonne santé. Le froid qu'il fait depuis quelques jours à Toulouse n'avait pas été aussi rigoureux depuis 1829. On dit que dans deux mois on aura du vin pour rien. Du reste, il dégèle depuis deux jours, et il fait un temps très-doux. Je continue à aller à l'exercice deux fois par jour, et je ne prends jamais mon caban, même le matin à six heures (il est vrai que c'est pour donner l'exemple). Mais on dit dans la ville qu'il est impossible que le froid dure plus longtemps.

Le 1ᵉʳ janvier, j'ai fait mes visites de corps avec les autres officiers; nous avons été reçus par le préfet, l'archevêque, les généraux, le président du tribunal, etc. M. le préfet reçoit les officiers tous les jeudis, mais on ne danse pas encore.

Je vais te donner l'état de mes finances pour te prouver que je fais mes comptes exactement.

J'ai touché 127 francs.

Et j'ai payé. .
- 55 fr. de pension,
- 25 de chambre,
- 6 à mon chasseur,
- 3 85 de théâtre,
- 5 abonnement au cordonnier,
- 5 Id. au tailleur,
- 1 50 à la bonne de la pension,
- 3 à la blanchisseuse,
- 4 de bois.

108 35 c.

Il reste donc 19 francs.

Je ne te parle pas des extra, de ma réception, des passages de camarades et du réveillon de Noël, des adieux au 2e et au 7e bataillon, car je fais ce compte pour tous les mois.

Voilà les appointements d'un sous-lieutenant ; mais je me garde bien de me plaindre, car, sans les appointements, je suis le plus heureux du monde : je suis occupé toute la journée à l'exercice, à l'Ecole, aux appels, etc. ; tout est amusement pour moi. Seulement, il faut tenir les cordons de sa bourse, cependant sans paraître ladre. Ainsi, hier, j'ai donné 5 francs aux clairons, 5 francs à mon chasseur, j'ai invité les sous-officiers à déjeuner ; enfin mes étrennes montent à peu près à 30 francs.

Ne va pas croire que je te demande de l'argent. Je ne t'en demanderai qu'à la dernière extrémité ; seulement, j'espère que tu m'en enverras sans cela, car, jusqu'à présent, tu m'as toujours deviné.

Je te prie de présenter mes souhaits de bonne année à toutes les personnes que je connais.

Embrasse cent fois Juliette pour moi et dis-lui que quand je pourrai je lui enverrai ses étrennes

Toulouse, le 13 avril 1854.

Je t'envoie le bonjour aujourd'hui, jour de Pâques. Je souhaite que ma lettre te trouve bien portant et content. C'est pour causer un instant avec toi que je t'écris, car je n'ai rien de bien nouveau à t'apprendre : tu connais mieux que moi les nouvelles de la grande question d'Orient. Ici, il fait une chaleur effrayante ; depuis le 10 février, il n'est pas tombé une goutte d'eau : les arbres sont en floraison, et s'il pleuvait, tout fleurirait ; depuis deux jours, un vent affreux, faisant voler la poussière, vous aveugle.

Le bruit court que nous devons aller bientôt à Toulon, au camp qui va s'y former, et, à cette occasion, je te prierai de m'envoyer un peu d'argent, afin d'avoir quelque somme devant moi en cas de départ.

Dans ta dernière lettre, tu ne me parles pas de mes camarades et cousins qui ont été atteints par le sort ; dans une levée de cent quarante mille hommes, il doit s'en trouver beaucoup de pris. Cela m'intéresserait. . . .
. . . . Je suis toujours en bon chemin ; je n'ai pas encore été mis aux arrêts et je suis toujours chargé de l'instruction des recrues. Quoique mon capitaine, qui tiendrait à m'avoir, ait demandé deux fois à ce qu'on me fasse quitter cet emploi le commandant a toujours refusé.

Je te prie d'embrasser Juliette sur ses deux joues pour son frère dévoué.

Je suis plus bronzé que lorsque je suis parti, et je grandis encore un peu.

Toulouse, le 12 mai 1854.

Je ne comprends pas le silence que tu gardes à mon égard ; voilà presque trois semaines que j'attends une réponse à ma dernière lettre ! Serais-tu malade ? ou bien tes affaires t'empêcheraient-elles à ce point de trouver un instant pour m'écrire ?

Je me rappelle que ma lettre était assez longue, et j'espérais que tu me rendrais la pareille. Je ne t'en dirai pas autant aujourd'hui.

Ma position est toujours la même, si ce n'est que le second exercice de la journée, qui avait lieu à une heure, a été reculé à six heures du soir, à cause de la chaleur qu'il fait maintenant vers le milieu du jour, de sorte que je manœuvre, le matin, de cinq à neuf heures, et, le soir, de six à huit heures et demie. Je suis forcé de dîner à quatre heures et demie.

Je pourrais encore te dire que depuis deux jours on fête dans les églises et la ville entière la béatification de sainte Germaine, une bergère d'un village voisin de Toulouse, qui a fait des miracles de son temps. Tu t'étonneras peut-être que je te parle de cela, mais ce n'est pas un petit fait ici, car quoique la ville soit très-grande (Toulouse est bien plus grande que Lille), elle est remplie d'églises, de couvents, et la population (surtout la population féminine) est excessivement religieuse, à ce point qu'à cette heure, neuf heures du soir, toutes les fenêtres sont illuminées de globes en papier où il y a écrit : *Sainte Germaine, priez pour nous!*

Je te dirai encore que je mange de bonnes cerises et de bonnes fraises depuis longtemps, et que les marchés sont couverts d'asperges, d'oranges, de poires, abricots, etc.

La récolte promet d'être bonne, les blés sont magnifiques, et les vignes font espérer une excellente vendange.

Il est neuf heures et demie, j'allume ma pipe et je me couche. Bonsoir.

Toulouse, le 27 juin 1854.

Je te remercie de la bonne lettre que tu m'as écrite, ainsi que du présent qu'elle contenait.

Je t'envoie en retour cinq paquets de cigares de Bayonne qui sont excellents et qui ne coûtent qu'un sou pièce. Je profite, pour te les faire parvenir, d'un lieutenant de mon bataillon, qui est nommé dans les chasseurs de la garde.

Rien de nouveau ici à t'apprendre. Il fait très-chaud ; heureusement, depuis quelques jours, la pluie tempère un peu la chaleur. Il y a eu un orage terrible qui a abîmé la moisson ; la grêle a haché les blés dans quelques localités, mais, en général, la récolte sera belle, et l'on a déjà commencé à couper les blés.

Nous commençons à désespérer de partir en campagne, et il est probable que nous passerons l'hiver ici. A la grâce de Dieu! Nous avons maintenant un théâtre excellent.

Quoique la chaleur soit grande, la Garonne, refroidie par la fonte des neiges qui descendent des Pyrénées, ne permet pas encore d'aller aux bains.

J'ai reçu avant-hier une lettre de Rome, de Boitard, qui est au 21e léger. Tu te rappelles ce grand officier qui était toujours avec moi à Paris.

Je t'apprends, si tu ne le sais déjà, que M. Pioche est nommé capitaine ; je l'ai lu dans le *Moniteur*.

Je t'embrasse de tout cœur, et je te prie d'embrasser Juliette pour moi.

Ne sois plus si longtemps à m'écrire.

Je t'aurais bien envoyé plus de cigares, mais j'ai craint d'embarrasser ce lieutenant.

Toulouse, le 2 juillet 1854.

Je pars pour l'Afrique le 5 juillet, mercredi. Je vais à Tlemcen conduire trois cents hommes du dépôt du 4ᵉ au bataillon de guerre. On m'a choisi parce que je connaissais les hommes, puisque je sors du 4ᵉ. Je vais à Marseille (dix-huit jours pour y arriver), puis je m'embarquerai et j'irai débarquer à Oran; de là encore six jours de marche, et il faut camper, attendu qu'il n'y a pas de billets de logement pour arriver à Tlemcen. Du reste, je t'écrirai en route et je te donnerai les endroits où tu pourras me répondre.

Je suis le plus heureux des hommes, car c'est un voyage d'agrément, attendu que je serai sans contrôle. J'ai d'ailleurs pour camarade de voyage un autre officier qui aura la responsabilité et dont je suis l'ami intime, de sorte que j'apprendrai sans ennui cette partie de mon métier.

Je te souhaite une bonne santé et la réussite dans tes affaires ; sois aussi heureux que je le suis depuis hier.

J'ai reçu une lettre de toi, mais elle s'est croisée avec la mienne, car tu ne m'en parles pas.

Si tu ne dors pas, mercredi, à quatre heures du matin, tu pourras dire : Emile commence sa première étape.

Saint-Pons, le 9 juillet 1854.

Je profite de mon arrivée à Saint-Pons, où je séjourne deux jours, pour te donner de mes nouvelles. J'ai marché pendant quatre jours depuis Toulouse, et je ne suis pas fatigué, malgré deux bonnes étapes de 38 et de 36 kilomètres.

Aujourd'hui dimanche, je me repose à Saint-Pons, qui n'est qu'un petit trou peu amusant. Demain, je repars pour marcher, pendant quatre jours, pour aller à Mèze, où je ferai encore séjour les 13 et 14. Je me porte bien, marche bien, et je vais en Afrique; donc je suis content.

Maintenant, passons aux détails. Je suis depuis deux jours dans les montagnes; aussi mon étonnement augmente à mesure que j'avance. Il est impossible de se figurer ce que c'est que le pays des montagnes : de tous côtés, on est entouré de montagnes si élevées qu'on n'en voit pas le sommet qui est caché dans les brouillards qui se joignent aux nuages. La route que l'on suit est très-élevée aussi et est bordée de chaque côté de vallées très-profondes et très-fertiles. Les montagnes sont quelquefois boisées, mais souvent aussi stériles. Jamais je n'avais vu une route aussi belle que celle de Saint-Amand à Saint-Pons. Elle ressemble à une allée de parc, ombragée par de beaux arbres qui forment une route. A chaque instant on remonte des ruisseaux et on entend des cascades qui fertilisent par leurs eaux toutes ces belles vallées. Vendredi, j'allais de Castres à Saint-Amand-la-Bastide (où j'ai vu le tombeau du maréchal Soult); nous avons monté les montagnes pendant deux heures, et ensuite nous sommes descendus dans une vallée magnifique et riche. Saint-Pons est dans un fond; on ne voit pas à cinq minutes; les montagnes que je vois de ma chambre sont bien plus élevées que le clocher de l'église; jamais on n'est allé jusqu'en haut.

Tu m'écriras, je l'espère ; — envoie-moi la lettre à *Mèze*, département de l'Hérault, *poste restante*, où je serai le 13, pour y rester le 13 et le 14. Ainsi, réponds-moi aussitôt cette lettre reçue, car, sans cela, je serais parti à Montpellier le 15. — Ecris-moi plutôt à Montpellier, car j'ai peur que la lettre n'arrive pas.

Montpellier, le 3 septembre 1854.

Je m'empresse de te donner de mes nouvelles. Après avoir accompli ma mission en Afrique, je suis arrivé à Marseille le 18 août, et j'ai appris en débarquant que le 17e bataillon de chasseurs venait au camp du Midi. Je suis parti immédiatement pour Toulouse, et j'ai rejoint le bataillon à trois jours de cette ville. Depuis, j'ai voyagé avec lui et je suis à Montpellier depuis trois jours. On dit que nous allons à Cette pour attendre, ou bien que le camp du Midi soit formé, ou bien une autre destination.

Je me porte bien, quoique j'aie eu souvent des diarrhées.

Réponds-moi de suite pour me donner de vos nouvelles sur votre santé.

Je suis un peu fatigué. Voilà cinquante jours que je voyage, et un peu de repos me ferait du bien ; aussi je serais heureux si nous restions quelques jours à Cette, qui n'est qu'à un jour de marche de Montpellier.

Toujours bien vu au bataillon, je ne désespère de rien. La caisse est seulement un peu à sec, car tous ces voyages, quoique indemnisés pour le transport, n'empêchent pas l'habillement de s'user beaucoup.

Je ne sais quel temps vous avez à Paris, mais, depuis deux mois, je cuis tous les jours ; je suis bronzé comme un Bédouin.

A bientôt.

Triste nouvelle à t'apprendre. — Le capitaine Pioche, que j'ai demandé en passant à Marseille, est mort à Rome ; il n'a pas joui de son grade de capitaine, car il était à l'hôpital lorsqu'il a été nommé.

Montpellier, le 12 septembre 1854.

J'ai attendu, pour te répondre, que l'inspection générale du bataillon soit terminée ; j'avais d'ailleurs peu de temps à moi, attendu qu'ayant quitté le bataillon depuis deux mois, j'avais besoin de repasser un peu l'étude de mes théories ; enfin, tout est fini, et j'en suis sorti à mon honneur ; je pourrais même dire que j'ai brillé, puisque le général et le commandant m'ont comblé d'éloges. C'est une bonne note pour l'année prochaine, car je n'ai rien à espérer cette année (puisqu'il faut deux ans de grade de sous-lieutenant au moins pour être proposé au choix pour le grade de lieutenant). Toutes les chances sont pour moi l'année prochaine. Je n'ai pas à me plaindre.

Nous avons reçu aujourd'hui l'ordre de partir le 14 pour le camp du Midi. Nous ne nous fatiguerons pas beaucoup : c'est le chemin de fer qui nous y transportera.

Tu me dis que j'aurais dû attendre mon bataillon. Evidemment c'était plus simple ; mais le général, à qui j'ai demandé de l'attendre à Marseille, m'a refusé. Et, en effet, voici ce qui est arrivé, on nous a arrêtés huit jours à Montpellier ; on aurait pu aussi bien nous faire changer de route. Du reste, il faut obéir. Et puis, qu'avais-je à dire ? le gouvernement nous paie les moyens de transport et au delà ?

Tu me demandes si tu dois écrire à mon chef de bataillon ? Je te réponds : Non, et pour mille raisons. D'abord, je n'en ai pas besoin ; je me sens fort de moi-même ; ensuite, quoique je n'aie pas à me plaindre de lui, et que, bien au contraire, il ne m'ait jamais parlé que pour m'adresser des compliments. . . . .
. . . . N'allons pas flatter les

autres; c'est presque moi qui suis flatté par mes camarades; mais j'en prends ce que je veux, et cela ne m'aveugle pas. — Si tu me voyais, tu me trouverais bien changé! Mais, pour terminer, ne crains rien pour moi; et si la chance me suit un peu, je n'aurai plus besoin de personne.

Dis à Juliette que je pense à elle autant qu'à moi en tâchant d'arriver à une position qui est d'ailleurs favorisée entièrement par mes goûts.

Je te parlerai, dans une autre lettre, de mon voyage en Afrique, parce que le courrier part dans une heure.

Quand tu me répondras, adresse la lettre au 47e bataillon de chasseurs, *au camp du Midi.*

Camp du Midi, le 13 octobre.

Je t'envoie ci-inclus la procuration que tu m'as demandée. Ne t'étonne pas si je ne te l'ai pas envoyée plus tôt, car il faut que je te renseigne sur la position du camp du Midi, que vous ne connaissez guère à Paris. J'apprends donc que ce camp est à cinq grandes lieues de Marseille et à quatre lieues d'Aix, et que les communications avec ces deux villes sont très-difficiles. Enfin j'ai demandé une permission et j'ai fait faire l'acte en question.

Pour en revenir au camp du Midi, je te dirai franchement le mot; il est presque insupportable! (Ne va pas trop répandre cette nouvelle, surtout comme venant de moi.) L'eau y est très-mauvaise et très-éloignée, la chaleur est forte dans la journée, tandis que la nuit on ne sait comment se garantir de la fraîcheur, qui pénètre à travers les vêtements les plus épais. La plupart des hommes et des officiers sont atteints de la dyssenterie; beaucoup d'hommes ont déjà succombé à cette maladie. Tout ce qui pourrait nous arriver de plus heureux, ce serait l'ordre de nous embarquer; mais on nous fait espérer ou plutôt craindre de passer l'hiver dans ce désert, dont rien ne peut donner une idée : pas un village à l'horizon, et d'ailleurs, quand il y aurait des habitants, il faudrait les appriviser avant de pouvoir vivre avec eux; leur affabilité, dans ce pays, ne va pas même jusqu'à l'offre d'un verre d'eau!

J'ai été moi-même atteint de la diarrhée, qui m'a tenu assez longtemps; mais, avec de la sobriété, on peut se guérir. Un autre désagrément du camp, c'est le mistral; quand ce vent souffle sur le plateau où nous sommes campés, il n'y a pas moyen de sortir sans être asphyxié par la poussière qu'il soulève; les tentes sont toutes grises, et les objets qui se trouvent dessous sont couverts d'un pouce de poussière. Mais tout ce que je te dirais ne te montrerait pas le camp; rien dans notre pays ne peut lui être comparé; aucune culture, aucune ferme, rien que des broussailles et des rochers. Enfin, un peu de gaieté et d'espérance, et à la grâce de Dieu.

Nous avons une assez bonne solde, par exemple. Nous touchons 160 fr. par mois, et, là-dessus, je ne dépense que 55 fr. de pension, 12 fr. pour la location d'un lit, d'une table et de deux chaises, plus mon café et mon chasseur; à peu près 100 fr. Il resterait donc 60 fr d'économie, si on n'usait pas énormément en chaussures, en effets d'habillement, en blanchissage et en *médicaments*, et il faut renouveler ses premiers vêtements.

A bientôt.

Camp du Midi, le 14 novembre.

Je devais partir le 10 pour Lyon, mais, le 9 au soir, une dépêche électrique est venue apporter le contre-ordre; puis, le 11, la division dont je fais partie, de 1re division du camp du Midi, est devenue 7e division de l'armée d'Orient. L'ordre est arrivé de nous rendre à Toulon, pour y être embarqués sur des vapeurs anglais. Je pars demain matin 15 pour Toulon, où j'arriverai le 17 ; nous y attendrons l'embarquement. C'est le général Dulac qui commande la division.

Au moment de partir pour l'Orient, je regrette de ne pouvoir te dire adieu de vive voix; mais, pour être faits de loin, nos adieux n'en seront que plus sincères. Je t'embrasse comme je t'aime, de tout mon cœur, et je te prie d'embrasser mille fois pour moi ma bonne petite Juliette.

Dis adieu de ma part à toute la famille et à tous les amis qui s'intéressent encore à moi.

Bientôt, peut-être, aurai-je à voir en face les Russes : si quelque malheur me frappait, souviens-toi qu'il est beau de mourir pour la France, et reporte sur ma bonne sœur toute l'affection que tu as pour moi.

Je t'écrirai de Constantinople, où nous sommes d'abord dirigés, aussitôt mon débarquement.

Régnier, le 19 novembre.

Nous sommes arrivés autour de Toulon ; je dis autour, parce que nous sommes cantonnés dans les villages des environs. Les vapeurs anglais qui doivent venir nous prendre n'arriveront pas avant le 25 ou le 26. Ainsi, nous ne nous embarquerons qu'à peu près vers cette époque.

Je viens de recevoir ta lettre adressée à Avignon.

Je vais laisser ma montre à un monsieur de Marseille qui te la fera parvenir.

Je te prie de m'écrire pour me dire adieu et me souhaiter bonheur.

Si tu pouvais m'envoyer un billet de 100 francs, tu me ferais bien plaisir. Les mulets sont hors de prix; celui que nous avons acheté dans la compagnie nous a coûté 450 francs. Ces deux mois passés au camp ont abîmé nos effets et presque tout l'habillement est à réparer.

Je m'empresse de te donner de mes nouvelles.

Le *Sinaï*, comme je te l'avais annoncé, quittait Marseille le 5 février. C'est un beau navire, à la mer seulement depuis six mois ; le temps était magnifique, un soleil resplendissant éclairait l'horizon, la mer était calme, le vent d'arrière ; aussi filâmes-nous lestement à toute vapeur.

Il y avait à bord un grand nombre d'officiers de divers corps, plus quatre cents hommes environ, des officiers anglais de l'armée des Indes, allant en Crimée rétablir un peu le désordre de l'administration. Mardi, vers le soir, nous étions sur les côtes de Corse, et, à la nuit, nous passions les bouches de Bonifacio au sud de la Corse et au nord de la Sardaigne. La mer continuait à être belle, quoique un peu houleuse. Jeudi, à neuf heures du matin, nous doublions l'Italie et étions en vue de la Sicile où nous devions relâcher. Quel magnifique spectacle s'offre à cette partie de l'Europe, au moment où l'on passe entre Charybde et Sylla, ces villages siciliens chez les anciens !

Quels progrès dans la navigation, quand on pense que ce passage était redouté des anciens, et si redouté, qu'il a donné lieu au proverbe : « Tomber de Charybde en Sylla, » pour dire tomber d'un mal dans un autre plus grand ! C'est une vue admirable que ces deux côtes, si fertiles, si vertes, si riantes, même à cette partie de l'année.

A neuf heures et demie, nous entrions dans le port de Messine (en Sicile), où nous débarquâmes avec la liberté de rester à terre jusqu'à six heures du soir. Nous nous empressâmes de profiter de la liberté et de jouir du plancher des vaches : d'ailleurs la ville présentait un aspect grandiose, et nous étions impatients de la visiter. Notre espoir ne fut pas déçu, et nous nous rappellerons toute notre vie cette journée passée à Messine; nous visitâmes d'abord la cathédrale, c'est toujours par là qu'il faut commencer dans les villes d'Italie; du reste, elle est magnifique, le maître-autel est tout en mosaïques, une partie de la voûte de la chapelle est faite de la même manière. La chaire est faite toute d'une pièce, c'est une pierre de marbre qu'on a taillée et sculptée. Quoique cette église n'ait pas l'architecture hardie de nos vieilles cathédrales, elle renferme de curieuses mosaïques et mérite une belle page. Elle est très-bien située, sur une belle place (piazza del Ferdinando) de Ferdinand. Nous nous promenâmes ensuite dans les rues de la ville, elles sont toutes dallées et bien droites, une certaine animation y règne, et l'on y remarque beaucoup de macaroni, dont les filets d'une longueur démesurée sont suspendus à des chevalets devant la porte du marchand. Nous vîmes ensuite un joli petit jardin public, une caserne tenue très-proprement, des soldats habillés presque à la française (je crois que ce sont les soldats dont l'uniforme se rapproche le plus de la capote grise et du pantalon rouge); ce sont des troupes napolitaines qui tiennent les Siciliens en respect. Nous vîmes une masse de couvents, de prêtres et de mendiants; tout cela pullule dans l'Italie : c'est la plaie du pays.

Nous entrâmes dans un café; c'est une espèce de salon de conversation, où il se trouve plusieurs tables petites et rondes où les indigènes viennent prendre des glaces et de la limonade et fumer leur cigarette. Après avoir été entendre la musique de la garnison, nous retournâmes au bateau qui ne tarda pas à partir ; puis nous nous mîmes à table!

Vendredi et samedi en mer. Dimanche, à trois heures du matin, nous sommes réveillés par le bruit des chaînes qu'on remue pour jeter l'ancre. Nous sommes au *Pirée* (Athènes); à six heures, je me décide à sortir de ma couchette et je monte sur le pont; il fait petit jour, mais une matinée de printemps! Quelle magnifique vue; nous sommes au milieu d'une flotte; à droite, c'est le *Gomer*, avec le pavillon amiral de l'escadre française; à gauche, un vaisseau anglais; plus loin, des frégates de guerre françaises et anglaises au mouillage. Partout le pavillon de la France et de l'Angleterre; on se croirait à Toulon! A sept heures, nous débarquons pour monter dans une voiture, qui, attelée de deux petits chevaux grecs, nous emporte au galop sur la route du Pirée à Athènes. Il faut voir notre cocher habillé à la grecque, se tenant debout sur son siége, fouettant ses chevaux d'une main, tenant les rênes de l'autre, sa cigarette à la bouche! On se croirait aux jeux olympiques! La campagne est verte, les blés ont déjà un pied. Après trois quarts d'heure de route, nous arrivons à Athènes (la capitale de la Grèce), toujours au grand galop. Nous nous sommes bien arrêtés en route, ou du moins le cocher s'est arrêté de son plein gré au milieu du chemin; pourquoi faire? pour allumer une cigarette : c'est l'usage dans le pays.

Nous sommes donc à Athènes, cette ville qui a remué le monde, aussi célèbre que Rome; capitale de la Grèce — qu'en dirais-je; d'abord, la ville n'est presque rien, les boutiques sont tristes, on y voit seulement beaucoup de pharmaciens (φαρμακιον); les rues sont animées, le costume des Grecs est riche et élégant; la fierté est peinte sur leur visage. Pas d'églises à visiter; d'ailleurs on est à la messe et nous ne sommes pas de la religion grecque; allons voir le palais du roi Othon. C'est une belle maison, grande, avec un beau jardin d'orangers et de figuiers devant. Ce n'est pas un monument, mais elle est toute en marbre. Un poste de douze mauvais soldats garde l'entrée; aussi je ne m'étonne pas des dernières révolutions. C'est quand on voit ces petits gouvernements, qu'on comprend la prospérité, mais aussi la concentration du pouvoir des grands gouvernements.

J'ai tout dit d'Athènes, allons voir les ruines; c'est autre chose, cela! On comprend l'ancienne Athènes, quand on s'aventure dans ces ruines si belles et si pleines de souvenirs glorieux. Nous allons monter à l'Acropole (c'était la réunion de tous les temples); on y arrive par un escalier en marbre blanc, dont les marches sont très-larges et en grand nombre; c'est là qu'était renfermé le Parthénon ou temple de Minerve, le temple de la Victoire, un cirque, des bains, le temple de Thésée, etc., des ruines enfin, mais en marbre, une masse de colonnes immenses encore debout, de magnifiques chefs-d'œuvre, des bas-reliefs de Phidias, etc. On a de là une vue magnifique, la mer au loin, les îles de Salamine et d'Egine, des montagnes de tous côtés, avec des temples en ruines, temples de Bacchus, de Thésée, d'Eole, etc., la prison où Socrate but la ciguë, la montagne sur laquelle se plaçait Démosthènes pour haranguer le peuple : des merveilles à occuper pendant un mois un archéologue ou un poëte!

Nous remontons en voiture et nous visitons le Pirée; c'est une petite bourgade qui sert de port à Athènes; c'est là que se trouve l'infanterie de marine et le régiment anglais qui occupent la Grèce. Nous nous rembarquons à trois heures.

Lundi soir nous débarquons encore une fois, c'est à Gallipoli; nous sommes en Turquie; semblable à toutes les villes du pays, elle présente de loin l'aspect le plus curieux; les minarets paraissent s'élever de tous côtés comme pour prouver la puissance de Dieu; tout est religion dans ce pays, et le fanatisme pousse les Turcs à aimer plutôt les Russes que nous; aussi y sommes-nous vus d'un œil plus qu'indifférent, à ce point que si jamais quelque revers venait à nous arriver, nous serions écharpés par les Turcs; voilà les alliés que nous allons secourir. Rien à voir à Gallipoli que les bazars, très-sales, du reste, mais présentant l'aspect des Mille et une Nuits.

Mardi en mer. Mercredi nous arrivons à Constantinople, la capitale de la Turquie, à l'entrée du Bosphore, dans la plus belle position du monde, bâtie sur l'Europe et sur l'Asie, commandant deux mers, construite en amphithéâtre sur des collines fertiles. Quel aspect grandiose que cette ville du sultan! partout des mosquées magnifiques, dont les minarets gracieux et élevés s'élancent dans l'air : partout des palais, des sérails en marbre blanc, des bazars magnifiques et remplis de riches inventions et de parfums odoriférants. Je ne t'en dirai pas plus de Constantinople, où je ne me suis arrêté que trois heures.

Mercredi, à deux heures. Je pars sur le *Louqsor* pour la Crimée; nous traversons le Bosphore : il n'y a rien de plus beau (et je n'exagère pas), rien de plus poétique et oriental que le Bosphore. Très-étroit, le Bosphore ressemble à un grand fleuve; à gauche, c'est l'Europe; à droite, c'est l'Asie. De chaque côté, le long de la mer, ce ne sont que palais, habitations de plaisir, sérails, ruines et jardins magnifiques. Toutes ces maisons, construites en bois de couleur différente, éclairées par des carreaux en nombre infini, d'une construction toute orientale, sur le versant de collines verdoyantes, tout cela est magnifique de poésie et de plaisir, et cela pendant deux lieues.

En sortant du Bosphore, la mer Noire, qui n'est pas aussi tranquille. Jeudi dans la mer Noire.

Vendredi matin, dans la baie de Kamiesch. Je pars pour le camp devant Sébastopol. Il fait froid, mais plus de neige. Je me porte bien.

Devant Sébastopol, le 2 mars 1855.

Il neige ; il fait du vent. Heureusement, je ne suis pas de service ; impossible de sortir de sa tente, écrivons :

Voilà quinze jours que je suis campé devant cette terrible ville ; que de choses à vous dire ! D'abord, apprenez où je me trouve. Vous savez que l'armée est divisée en deux corps : le premier est le corps de siége, et les ouvrages sont presque finis de ce côté ; le second corps est occupé à faire les tranchées du côté de la tour Malakoff, et, de ce côté, les ouvrages ne sont pas aussi avancés ; c'est dans ces parallèles et ces tranchées que je fais le service. Mais, en même temps que ce corps fait ce service du côté de la ville, il doit veiller du côté de la rivière la Tchernaïa, derrière laquelle on voit les Cosaques postés de tous côtés. Notre camp est situé sur un plateau d'où l'on domine cette rivière qui coule dans une vallée où se trouvent de gras pâturages inondés pour le moment ; c'est de ce côté que je vais me promener quand on m'en laisse le temps.

Quand on se rend aux tranchées, on passe sur des plateaux d'où l'on voit très-bien la ville. Sébastopol a l'aspect d'une grande ville ; on voit de grands bâtiments, mais aussi des lignes toutes noires de canons, et des fortifications auxquelles on voit parfaitement travailler les Russes. Notre artillerie ne tire que quelques bombes sans répondre au feu des Russes ; il n'y a que nos embuscades qui leur envoient quelques balles de carabine, auxquelles ils répondent par des coups de canon et des obus. On a essayé de leur enlever une batterie pendant la nuit ; aussi ai-je pu entendre, cette nuit, la plus terrible canonnade qu'on puisse imaginer ; le ciel était tout éclairé, et, quoique dans notre camp, à l'abri de tout danger, je sentais mon cœur battre plus fort que de coutume : j'ai cependant déjà entendu, étant à la tranchée, les balles siffler au-dessus de ma tête, et cela m'avait fait moins d'effet que cette longue et effrayante nuit.

Quant à la température, elle est si variable qu'on ne peut pas dire le temps qu'il fait ici, à moins de tenir un contrôle exact. Ainsi, quand je suis arrivé, il faisait beau temps ; trois jours après, une tourmente de neige arriva et couvrit la terre de deux pouces de neige ; depuis ce temps, il a plu, il a gelé ; enfin, maintenant, les giboulées de mars commencent ; comme disent nos troupiers, le général mars commence sa semaine de service. Mais l'Empereur nous a si généreusement gratifiés de toutes les choses nécessaires, que nous pourrions supporter le plus rude hiver. Chaque soldat est bien vêtu ; il a une paire de bas de laine, des guêtres en peau de mouton, des capotes de bon drap. Le sultan nous a fait cadeau de calottes rouges, appelées *Chéchias* ; ce qui donne à l'armée une tournure africaine qui lui va très-bien. Chaque officier a reçu la même chose. Si tu pouvais me voir avec mon chéchia, tu me prendrais pour un vrai pacha turc, surtout quand je suis enfermé dans ma capote d'agent de police. Nous ne mangeons pas mal, mais les vivres coûtent très-cher, et il faut les aller chercher à Kamiesch, à trois lieues du camp. Le vin coûte 4 fr. 50 c. la bouteille, et quelquefois on est volé indignement. La meilleure mesure qu'on ait prise ça été de nous faire distribuer par l'administration des conserves de viandes, de poissons et de légumes ; c'est ce qui a sauvé l'armée qui serait, sans cela, réduite à manger du lard et du riz. Les soldats mangent du biscuit, les officiers du pain de munition. Les Anglais sont très-réduits, et l'administration doit supporter tous les reproches.

Chaque tente est enfouie dans la terre à un mètre de profondeur et est chauffée par une petite cheminée. Le lit est un peu dur, mais on s'y habitue ; d'ailleurs, on dort de bon cœur, car on ne dort pas souvent tranquille.

On me commande à l'instant de garde à la tranchée, pour demain à minuit. C'est peu réjouissant de partir à minuit pour aller à la tranchée. En somme, on fatigue beaucoup ; mais, malgré un service très-fatigant, on ne se plaint pas du tout, on ne demande qu'une chose, c'est de monter à l'assaut ou de passer la Tchernaïa pour attaquer les Russes.

Tous les camps occupent une surface de trois lieues sur deux lieues de côté, à peu près deux lieues et demie carrées.

Je t'écrirai mieux quand il fera moins froid ; j'ai presque l'onglée en terminant cette lettre.

Je me porte bien, c'est l'essentiel ; du reste, nous n'avons presque plus de malades ; ceux qui entrent aux hôpitaux ont les pieds gelés ; voilà la plus terrible maladie ; mais le temps va changer.

Devant Sébastopol, le 11 mars.

Je viens de recevoir ta lettre et je te remercie de l'intention qui l'a dictée ; en effet, le temps n'a pas été beau, et les lettres que je t'ai déjà envoyées te disent franchement ce qui s'est passé ici, depuis mon arrivée ; mais heureusement je me suis constamment bien porté et j'ai surtout conservé ma gaieté, ce qui est beaucoup ici.

Maintenant, causons un peu ensemble :

J'arrive de Balaclava. C'est la première fois que j'ai pu m'échapper du camp pour visiter ce point de nos positions. J'y allai avec mon lieutenant, et nous mîmes une heure et demie à faire le trajet.

Balaclava est un ancien village russe ; il reste encore debout une rue tout entière sur le port ; ce sont de petites maisons avec des balcons en bois grossièrement faits, avec des toits en tuiles, toutes en pierre ; une église, construite à peu près dans le genre des églises de nos gros villages, est entièrement debout ; mais beaucoup de ruines attestent que ce village était assez important. Le port est creusé naturellement et peut contenir des bâtiments de haut bord.

Balaclava est, du reste, pour les Anglais, ce que Kamiesch est aux Français, le débarquement de tout, troupes et approvisionnements.

C'est un curieux spectacle que de voir toutes les boutiques établies en plein vent ; on se croirait au marché des Innocents ; ce ne sont que légumes de toutes espèces, que fruits secs, qu'oranges, boîtes de conserves en tous genres, etc. ; sans compter les comptoirs où se débitent, à grands flots, l'ale et le porter d'Angleterre ; c'est une vraie tour de Babylone ; on ne voit qu'uniformes rouges, que Turcs aux hideuses figures, aux habillements en toile d'emballage, que Français aux costumes connus ; on y parle les trois langues, sans compter l'arabe, qui est la langue la plus usitée entre les trois soldats alliés ; chose curieuse, mais réelle ; je ne sais si cela vient de l'armée d'Afrique, qui, habitué à baragouiner avec les Arabes, a apporté les mots déjà usités ; ainsi, un Anglais, voulant faire un compliment à un Français, lui dira : *Français bono;* il dira d'un Turc : *Turc macach bono;* comme disaient les Arabes aux soldats d'Afrique ; ainsi que d'autres expressions. Le marché de Balaclava est tenu en partie par les Turcs, en partie par les Anglais ; à Kamiesch, ce ne sont que des Français.

Le temps s'est remis un peu au beau. Aujourd'hui, la pluie a tombé et le vent s'est levé, les neiges ont disparu des montagnes.

Parlons un peu de mon établissement. Nous sommes logés sous la tente turque ; elle est faite en tissu de coton : mais le tissu est double. Elles résistent mieux au vent que nos grandes tentes.

Nos tentes sont enfoncées dans la terre de toute la partie cylindrique ; en effet, avant de les dresser, on creuse un trou de 0 mètre 75 environ.

Une petite cheminée est faite dans presque toutes ; on y brûle des souches, qui produisent une bonne cendre, qu'on a le soin d'employer à saupoudrer le sol de la tente, de manière à le rendre peu à peu très-sec. Ma cheminée a été faite par un chasseur de ma compagnie, artiste en la matière ; elle est très-bien construite, c'est-à-dire qu'elle ne fume pas. Quant à ce qui est de l'élégance, les pierres sont bien taillées, et si c'était du marbre, je n'aurais rien à regretter des cheminées de la capitale.

Un lit, construit d'une tente abri, clouée sur deux montants, un matelas, formé de deux couvertures pliées, deux couvertures pour me couvrir, plus la peau de mouton, placée entre les deux premières et les deux autres couvertures, voilà ce qui me sert pour reposer. Quand le beau temps sera revenu, que le soleil pourra sécher la terre, je me promets de faire une paillasse avec des herbes sèches, ce qui augmentera mon confortable ; comme disent les Anglais : *La vie, il était pas té confotable ici, la nourriture il était bocop trop élevée.* (Prononcer comme Levassor, au Palais-Royal.)

Dernièrement, j'étais de garde presque aux postes avancés ; je suis descendu jusqu'au fond de la vallée, où coule la Tchernaïa, et j'ai pu très-bien voir les postes de cosaques, qui sont de l'autre côté. J'ai vu de vastes prairies, où nous pourrons, en été, trouver du foin pour nos mulets ; en remontant la rivière, j'ai rencontré beaucoup de ruines, des murs noircis par la fumée, des restes de briques calcinées, et j'ai pu me convaincre par moi-même que les Russes avaient brûlé tout, à notre approche ; mais comme nous leur rendons ! des masses de soldats étaient, ce jour-là, en train de couper de magnifiques pommiers et autres arbres fruitiers, et cela au nez et à la barbe des cosaques. C'est triste de voir de vastes plans de vignes complétement dévastés, des jardins où s'élevaient de beaux arbres, de vieilles date, sciés ou abattus ; c'est la loi de la guerre ; ce n'est cependant pas par amour de la destruction, ni par vengeance, mais il faut faire la soupe, et pour cela il faut du bois.

J'ai écrit à Eugène par le dernier courrier ; je pense que tu auras vu sa lettre.

On dit ici que Nicolas est mort, sous toute réserve A bientôt l'attaque sérieuse ; les batteries ne seront guère achevées que vers le 20 ou le 25, mais on veut commencer le feu avant cette époque.

Devant Sébastopol, le 21 mars.

Je prends la plume sans savoir ce que je pourrais te dire. La situation est toujours la même ici. Nous avons bien appris la mort de l'empereur Nicolas, mais sans qu'aucun changement se manifestât dans notre position. Le siége continue sa marche régulière mais lente; les travaux avancent de plus en plus, notre vie est toujours aussi monotone. Les Russes ont tenté encore une sortie, mais je crois bien que ce sera la dernière s'ils savent profiter des leçons qu'on leur donne. C'étaient des chasseurs du 10e bataillon qui gardaient cette fois l'endroit des tranchées qu'ils avaient résolu d'attaquer. Ils avaient pris toutes les précautions imaginables pour surprendre les gardes, ils avaient même été jusqu'à ôter leurs bottes pour faire le moins de bruit possible; vains efforts! Les chasseurs les attendaient, et si bien, que les Russes, au nombre de deux cents, arrivèrent jusque sur le parapet, croyant toujours les surprendre; mais ils vendaient la peau de l'ours avant de l'avoir tué. Les chasseurs ne bougeaient pas plus que des ombres. Les Russes, pleins d'espoir, se précipitent sur la tranchée en poussant leurs hurrahs habituels. Nous leur répondons par un feu à bout portant qui les fait reculer jusque dans Sébastopol; trente des plus avancés entrèrent dans la tranchée, mais pas un n'en sortit, et pour la première fois on compta vingt-neuf cadavres russes dans la tranchée. Je ne parle pas de ceux qu'ils laissèrent après eux dans leur retraite.

C'est la première leçon que leur donnent les chasseurs, mais elle est bonne et pourra leur servir! Mais le plus attrapé ne fut pas celui qu'on pense! Les chasseurs, après ce beau fait d'armes, coururent aux cadavres russes pour leur enlever leurs bottes (les soldats russes ont tous de belles bottes auxquelles les troupiers attachent le plus grand prix), mais ils ne trouvèrent pas même la plus misérable tige. Quel désappointement!

Que pourrais-je encore te raconter? Ah! tu sauras que je mange tous les jours une salade de pissenlits qu'on va ramasser sur les bords de la Tchernaïa; elle est on ne peut plus tendre, et c'est le vrai moment de la manger. Qu'on juge du caractère français! Une batterie russe tire à boulets sur le versant de la vallée de Tchernaïa que nous occupons, quelquefois même elle tire à mitraille, eh bien! cela n'empêche pas de voir toute cette partie couverte de troupiers qui ramassent de la salade!

Te raconterais-je mon premier fait d'armes? Pourquoi pas! c'est bien peu de chose.

Les Russes avaient attaqué une embuscade, située à gauche d'un ravin et défendue par de l'infanterie; cette infanterie se défendit admirablement; mais comme avec ses fusils elle ne pouvait pas tirer sur les Russes qui se retiraient, on m'envoya avec vingt chasseurs à droite du ravin, sur un petit mamelon, pour aider cette compagnie, et pour y construire une embuscade; j'y allai, mes hommes envoyèrent à six cents mètres une grêle de balles sur les Russes, et je construisis l'embuscade.

C'est donc à six cents mètres que je pris part au combat; aussi, je n'en tire pas vanité, je te raconte cela en passant. Construire une embuscade en plein jour n'est pas chose aussi facile, mais nous fûmes favorisés; pendant que nous faisions feu sur les Russes, couchés, pour nous cacher d'eux, derrière une touffe d'herbe, le moindre buisson, quatre hommes travaillaient à l'embuscade qui s'éleva comme par enchantement. Un seul chasseur fut blessé au bras, mais sans gravité. Je m'égratignai les mains aux épines. Mais aussitôt que les Russes aperçurent l'embuscade, ils se mirent à envoyer des boulets de tous côtés sur cette embuscade, pauvre innocente qui ne leur faisait rien. Heureusement nous étions défilés et aucun boulet ne nous atteignit, quelques-uns pourtant passèrent si près que nous fûmes souvent couverts de terre.

Devant Sébastopol, le 30 mars.

Je commencerai cette lettre par te reprocher tes rares et courtes réponses. Il est pourtant si agréable ici de recevoir des lettres de France, et surtout de sa famille, que je te prierai de ne plus être si paresseux et de causer un peu plus longtemps et beaucoup plus souvent avec moi dans tes lettres.

Quand je prends la plume, je n'ai rien à tracer, mais le plaisir de la conversation finit par m'inspirer, et, comme l'appétit vient en mangeant, une fois en route, ma plume ne s'arrête que quand elle a noirci les quatre pages. Tâche d'être aussi bavard que moi! Je ne parle jamais du siège, il ne faut pas t'en étonner; cela est si peu intéressant et si monotone qu'il vaut mieux n'en rien dire; du reste, quand on ne connaît pas le terrain, on n'y peut voir que des tranchées, des parallèles et des batteries; il y en a tant qu'il faut connaître son chemin pour ne pas s'égarer; à force d'avancer, on finira bien par entrer dans la ville; chacun est impatient en attendant le jour du grand signal, qui ne doit pas être éloigné; nos batteries tirent de plus en plus, et les bombes commencent à pleuvoir sur la tour Malakoff (partie de la ville que nous assiégeons), ce qui nous fait un sensible plaisir, car il était vraiment triste de voir arriver chez nous cette grêle de projectiles que les Russes nous envoyaient sans pouvoir leur envoyer une réponse.

Nos artilleurs pointent admirablement, et leurs coups manquent rarement leur but. Cette nuit, par exemple, vers minuit, une immense clarté illumina le ciel pendant trois quarts d'heure environ; aussi, dès le matin, courut-on aux renseignements, pour connaître la cause de cette illumination; après avoir puisé aux meilleures sources, nous apprîmes qu'une bombe ou un obus, tombant sur une maison, l'avait incendiée, et que l'incendie s'était même communiqué à une autre maison, sa voisine.

Voilà ce qu'il y a de plus neuf. Je te dirai aussi que les Anglais font l'exercice aussi tranquillement que s'ils étaient à Hyde-Parck ou à Regent-Street; comme si c'était le moment de compter une, deux, ou d'apprendre à porter l'arme! Du reste, il n'y a là rien d'étonnant puisqu'ils font un chemin de fer qui est presque fini, à ce que disent les journaux, mais qui n'est que commencé, ou du moins qui ne va, à l'aide de chevaux, que sur une longueur de 1 kilomètre, à ce que je vois; à cette distance, un cabestan doit enlever wagons et chariots, et amener, à l'aide d'une poulie, tout cela sur un plateau, d'où une locomotive les prendra pour les conduire au camp. A quand la réalisation de ce problème? Dieu le sait!

Les officiers anglais se sont faits jockeys; chaque jour, il y a steeple-chase et sauts de haie, tout comme à Chantilly ou au Champ de Mars!

Je t'ai dit qu'une des grandes occupations de l'armée était d'aller chercher de la salade; la plus grande distraction est, après la musique, qui se fait entendre tous les jours, d'aller cueillir la violette. Le matin, on voit les soldats, qui ne sont pas de service, revenir de la vallée avec un bouquet de cette modeste fleur. Combien de femmes rendrait-on heureuses, si on pouvait leur offrir un bouquet de fraîches violettes tous les matins!

J'ai reçu dernièrement vingt-cinq cigares de la souscription nationale; ils étaient très-mauvais, mais, en bon Français, on les fume encore de bon cœur. A la guerre comme à la guerre!

Devant Sébastopol, le 21 avril.

Rien de nouveau à t'apprendre. Tu liras probablement dans les journaux que le feu a été ouvert devant Sébastopol ; cela n'est vrai qu'à demi : nos batteries ont commencé à tirer contre la place le 9 avril, lundi de Pâques, à cinq heures du matin ; mais ce feu est réglé de manière que chaque pièce tire cent coups par vingt-quatre heures ; ce n'est donc pas le feu à volonté. On cherche à occuper l'ennemi, afin de continuer les travaux de cheminement avec plus de tranquillité, voilà tout. Il y a des endroits de la ville où l'on se trouve à vingt-cinq mètres des ouvrages russes. Tous les jours, il y a quelque engagement, soit pour repousser une sortie de l'ennemi, soit pour enlever aux Russes quelque embuscade qui nous inquiète.

Toutes ces petites affaires, qui prouvent notre supériorité impétueuse sur les Russes, se passent à la gauche, au premier corps d'armée.

Quant à nous, second corps d'armée, nous sommes à la droite, devant Malakoff, que nous inquiétons sans avancer beaucoup. Depuis la terrible affaire des zouaves, sauf quelques prises d'embuscades, rien de saillant ne s'est passé de notre côté.

Notre principale affaire n'est pas, du reste, de prendre la ville ; il est même probable que je n'entrerai pas dans Sébastopol : nous sommes armée d'observation avant tout ; ce qui ne nous empêche pas d'aller voir tous les cinq jours ce qui se passe aux tranchées ; or, il s'y passe toujours la même chose, des boulets qui vous couvrent de terre et d'éclats de pierre, quand ils ne vous font pas autre chose, des bombes et des obus qui vous forcent à se prosterner tout de son long devant eux, des balles, autrement dit des mouches, qui vous font saluer très-gracieusement sur leur passage. Je puis te répondre que jamais empereur n'a reçu autant d'honneurs et de salutations que messieurs les boulets ou mesdames les bombes !

Depuis quelques jours nous avons reçu l'ordre de nous attendre à un prochain départ. C'est tout ce que nous demandons, de traverser cette rivière qui a l'air de nous narguer et de se moquer de nous. Rien n'est plus décourageant pour le troupier français, qui fait fuir les Russes devant lui, chaque fois qu'il les rencontre en campagne, d'être arrêté depuis six mois devant cette méchante ville.

Le temps est magnifique ici depuis quelque temps, et j'ai autour de ma tente un petit parterre, où les rosiers et l'orge poussent à ravir. Je vais y faire transplanter des fraisiers, seuls restes des bois où nous sommes campés.

A propos, j'ai mangé des asperges sauvages, que mes chasseurs ont rapportées des montagnes ; ces asperges sont vraiment excellentes, mais très-petites.

J'ai vu avant-hier Omer-Pacha avec tout son état-major ; il a vraiment une tête orientale, ornée d'une belle barbe blanche ; il parle très-bien français, et son maintien impose à tout le monde. Ses officiers sont aussi très-bien habillés militairement, et les quelques soldats que j'ai vus ont aussi un air militaire que nous n'avions pas lu sur les visages abrutis des Turcs campés près de nous ; on conçoit que cet homme ait pu, avec ses soldats, faire quelque chose sur le Danube contre les Russes. . . . .
. . . .

J'ai assisté dernièrement à un steeple-chase anglais ; c'était superbe ; une foule de cavaliers anglais et français y caracolaient par un soleil resplendissant ; il y avait deux calèches qui attiraient tous les regards, ce qui flattait agréablement les dames qui s'y étendaient nonchalamment ; cette curiosité n'empêchait pas une Anglaise, en blonde amazone, de déployer ses grâces devant une société aussi militaire. Malheureusement la fête s'est terminée par un affreux accident : dans un saut de mur, où trois cavaliers concouraient, deux chevaux s'abattirent, entraînant et écrasant les deux cavaliers dans leur chute ; on n'eut qu'à emporter deux cadavres : c'étaient des officiers anglais.

2 mai.

Nous recevons à l'instant l'ordre de nous tenir prêts à partir à chaque instant pour Eupatoria, à ce que nous croyons, car la direction est inconnue. Il est probable que nous irons nous embarquer aujourd'hui, ou cette nuit au plus tard.

On dit, car rien n'est précis, que nous allons au secours d'Omer-Pacha, bloqué dans Eupatoria par les Russes. Ce n'est pas ma division qui marche, c'est une division active, composée de chasseurs, 1er de zouaves, légion étrangère, et quelques régiments de ligne.

Je t'écrirai aussitôt que je le pourrai.

J'ai eu un violent mal de dents ; on m'en a extirpé une énorme ; un abcès des gencives en est résulté, mais heureusement cela est à peu près passé, les gencives sont seules un peu enflammées.

P.-S. Nous sommes vraiment favorisés ; il pleuvait depuis quelques jours, mais hier, 1er mai, le temps a complétement changé, et, aujourd'hui, nous sommes revenus au printemps.

Nous emportons pour quinze jours de vivres ; ainsi, il est probable que nous reviendrons reprendre notre position.

La traversée, entre Kamiech et Eupatoria, est d'environ quatre heures, juste le temps nécessaire pour avoir le mal de mer.

Devant Sébastopol, le 10 mai.

Nous voilà de retour à Inkermann, dans notre camp ; notre absence n'a duré que quatre jours. Je t'avais écrit que nous partions pour Eupatoria, il n'en était rien, l'expédition était dirigée contre *Kertch*, port de mer sur un détroit qui conduit de la mer Noire dans la mer d'Azoff, et qui contient des approvisionnements immenses en tous genres pour l'armée russe. Le corps expéditionnaire se composait de treize mille hommes, dont dix mille Français et trois mille Anglais ; tout avait été embarqué en cinq ou six heures, sur une escadre magnifique de quarante-un bâtiments à vapeur, dont plusieurs vaisseaux et frégates de beaucoup de canons. Nous arrivâmes dans le détroit de Kertch le 4 au matin, après vingt-quatre heures de navigation, et nous étions prêts à débarquer à cinq lieues de la ville, lorsqu'un vapeur, expédié par le général en chef, rejoignit l'escadre, et apporta l'ordre de retourner à Kamiesch sans rien tenter contre Kertch.

Je n'ai pas besoin de vous peindre notre désappointement ; nous nous étions déjà vus dans une contrée non ravagée, dans une ville de ressources ; nous nous voyions déjà propriétaires d'une maison avec jardin, d'un cheval et de tout ce que peut désirer un militaire en campagne, et qui vient d'un camp aussi dépouillé que la Champagne pouilleuse, et il nous fallait revenir, sans savoir pour quelle cause, gros Jean comme nous étions partis. Que de châteaux en Espagne, que d'illusions, et maintenant quel désenchantement ! Enfin, l'amiral a fait le signal, tous les bâtiments ont viré de bord et ont fait route pour Kamiesch.

Maintenant, voici le bruit qui circule : l'Empereur devant venir avec des renforts considérables, il aurait envoyé l'ordre de ne rien tenter avant son arrivée.

Enfin, quoi qu'il en soit, nous sommes revenus devant Sébastopol, et dans quatre heures je serai de service aux tranchées, auxquelles je croyais avoir dit un éternel adieu !

Que je te dise ce qu'on a fait au 1er corps, quoique vous le sachiez déjà.

Le général Pélissier a imprimé une grande activité ; il résolut d'enlever aux Russes une parallèle qui reliait leurs embuscades et formait une espèce de place d'armes défendue par une batterie de petits mortiers et dont la prise faisait que l'on tournait presque les bastions du Mât et du Centre ; tout cela fut enlevé dans la nuit du 1er au 2 mai ; on travailla à la parallèle de manière à ce qu'elle puisse nous servir, on enleva sept mortiers, cinq cents bombes et un baril de poudre ; dans la journée du 2, trois compagnies furent chargées de garder cette parallèle. Les Russes, qui y tenaient beaucoup, firent une sortie en plein jour, à deux heures, pour la reprendre, sans pouvoir y réussir, et elle nous est restée. Voilà le dernier fait à ma connaissance.

On attend l'Empereur, et je crois qu'il ne se passera rien avant son arrivée.

Nous sommes accablés par la chaleur ; pas un pouce d'ombre, il n'y a pas un arbre dans tout le pays que nous occupons ; ah ! passons ; il y en a trois devant l'ancienne maison du général Forey. On est heureux quand on est de garde, mais pas à la tranchée ; je parle de la garde sur les bords de la Tchernaïa, où il y a encore des arbres ; par suite de l'ombre, de l'eau, par suite un peu de fraîcheur ; de la distraction, puisque l'on tire sur les cosaques qui viennent faire boire et paître leurs chevaux.

Devant Sébastopol, le 20 mai.

Il y a du nouveau ici. Le général Pélissier est nommé général en chef Trop de bruits circulent sur ce changement pour que je t'en parle ; mai l'armée est généralement contente, parce qu'elle espère que l'énergie don a fait preuve ce général, jusqu'à présent, ne se démentira pas et nous fera faire de grandes choses. Ce n'est pas que le général Canrobert ne fût pas aimé du soldat, mais les circonstances ont été plus fortes que sa volonté ; on lui sait beaucoup de gré de rester ici à la tête d'une division.

Il fait une chaleur étouffante et insupportable sous la tente. Pas un arbre pour vous donner un peu d'ombre ; aussi tout le monde est-il jaloux du bataillon qui, seul, a des *gourbits* (espèces de bosquets, mais construits avec des branches d'arbres rapportées) ; cela vient de ce que le 17e bataillon est chargé du service des avant-postes, le long de la Tchernaïa, et que l'on ne trouve des arbres que de ce côté, tout ayant été ravagé dans un grand rayon autour de nos camps.

C'est sous un gourbit fait de cette façon que je t'écris en ce moment, et où j'habite toute la journée.

Hier, j'étais de service aux avant-postes, et je commandais le détachement de chasseurs. Vers midi, je reçus l'ordre d'aller donner la chasse aux cosaques qui faisaient paître leurs chevaux près de la rivière. Je partis avec cinquante-deux chasseurs, et, après avoir marché un kilomètre et demi, j'arrivai sur la Tchernaïa ; nous nous embusquâmes dans les roseaux et derrière les arbres, et nous nous mîmes à tirailler sur les chevaux et sur les cosaques. C'était plaisir de voir les chevaux partir au galop en boitant d'une blessure à la jambe, et les cosaques se coucher ou se jeter sur leurs chevaux pour se retirer au plus vite.

Notre mission était terminée; nous remplîmes nos bidons d'eau; de joie, je trempai mes mains dans la Tchernaïa, et je donnai l'ordre de la retraite. C'est alors que les Russes commencèrent à nous canarder un peu proprement; les balles sifflaient autour de nous de tous côtés à la fois, mais Dieu nous protégea; une balle vint tomber à quinze pas de moi et ricocha sur mon poignet droit, où elle fit une égratignure comme avec une épingle; je ressentis dans le bras une douleur semblable à celle qu'on éprouve quand on se choque le coude contre un mur, et une petite enflure, de la forme de la balle, se forma aussitôt. Aujourd'hui, il ne reste qu'une petite ligne rouge. Heureusement que cela m'est arrivé à huit cents mètres; la balle était presque morte. Un chasseur reçut à peu près la même contusion sur l'épaule. On nous fit aussi honneur de deux coups de canon.

J'ai donc vu la Tchernaïa de près; elle a à peu près 12 ou 15 mètres de large; elle est profonde, mais elle a des gués en certains endroits; son courant est assez rapide. J'espère que bientôt nous la passerons pour de bon; c'est ce que tout le monde demande ici. Il arrive tous les jours des troupes; la gardea débarqué hier, ainsi que les Piémontais.

Je t'apprendrai que je suis porté au choix, sur le tableau d'avancement, pour le grade de lieutenant. Cela ne tardera pas à arriver; du reste, j'ai bonne chance jusqu'à présent.

Devant Sébastopol, le 6 juin 1855.

Tu trouveras un grand intervalle entre cette lettre et les précédentes; cela tient à ce que j'ai attendu une réponse sans la voir venir de longtemps. Je t'ai pourtant déjà dit qu'il était impossible de comprendre combien était agréable une lettre de France reçue sous les murs de Sébastopol. Accorde-moi ce plaisir plus souvent. Ensuite notre service est on ne peut plus pénible depuis que l'on a commencé à s'avancer en plaine. Tu sais que mon bataillon avait été compris dans le corps expéditionnaire de Kertch, mais que le général Canrobert, sur une dépêche peu formelle de Paris, avait fait rentrer ce corps dans son camp. Huit jours après, le général Pélissier recommençait l'expédition, mais ne choisissait plus les mêmes troupes, de sorte que notre division est restée seule, ou à peu près, pour les attaques de la droite, vers la tour de Malakoff. Notre service est de vingt-quatre heures à la tranchée tous les deux jours. La chaleur est étouffante dans ces boyaux, où l'on se roule dans la poussière; on est forcé, pour ne pas cuire au soleil, de se creuser un trou en terre et de s'y enfoncer comme un rat. Heureusement la nuit est magnifique, et si les bombes ne pleuvent pas trop, on dort assez tranquillement sous un ciel splendidement étoilé. Mais nous sommes les moins bien partagés. Les bataillons qui sont à Kertch et à Ieni-Kaleh sont bien vus des habitants, et trouvent dans ces villes toutes espèces de ressources. Vous connaissez les magnifiques résultats obtenus, mais comme vous pouvez encore ignorer nos avantages en plaine, je vous dirai que deux divisions d'infanterie, toute la cavalerie, l'armée piémontaise et les Turcs, sont descendus pour occuper les rives de la Tchernaïa; les Russes n'ont tenu nulle part.

Avant-hier, ce corps a poussé une reconnaissance sur un village des montagnes; les Russes prirent la fuite, et les habitants vinrent à nous, demandant à nous suivre. On trouva des tonneaux d'un vin excellent, et le général les fit défoncer sur la route, afin d'éviter à ses soldats de se mettre en complète ivresse.

A propos, que je te parle du théâtre, dont je ne t'ai encore rien dit. Les journaux vous en ont bercé assez, mais avec peu d'exactitude. Le théâtre est richement orné de peintures allégoriques; les décors, au nombre de trois, sont mieux qu'on ne pourrait se l'imaginer : il y a un salon, une boutique donnant sur une rue, et un pavillon dans un jardin; tout cela est assez coquettement arrangé pour plaire aux yeux.

L'orchestre est la musique du 2ᵉ zouaves. Les acteurs sont des soldats ou des sous-officiers amateurs. Le répertoire se compose de chansonnettes comiques et de vaudevilles égrillards. La chansonnette anglaise a surtout beaucoup de succès, et les vrais Anglais, qui sont spectateurs, sont les premiers à rire de l'imitation de *leur mauvaise langage*. Quelques-uns des acteurs un peu plus favorisés de la nature, sous le rapport physique, et ne possédant pas la barbe, attribut de l'homme, sont chargés de remplir les rôles de l'autre sexe, et ils s'en acquittent assez bien. L'un d'entre eux a même acquis une certaine réputation sous le nom de Camomille : avec des sourcils bien arqués et la figure fardée, il a réussi à se donner une tournure et une figure de femme qui a un certain charme; aussi les applaudissements raisonnent-ils bruyamment dans la salle, tout comme aux Italiens ou à l'Opéra. Je crois avoir dit la salle; c'est l'enceinte que j'aurais dû dire, car le plafond, c'est la voûte étoilée.

Ce théâtre, établi en Crimée, à deux kilomètres des Russes, en plein vent, peint le caractère français on ne peut mieux. Dimanche dernier, je m'y trouvais à dix heures du soir, lorsqu'on cria : « Aux armes ! » et la représentation fut interrompue pendant quelques instants.

Montmartre. — Imp. Pilloy, boulevard Pigale, 50.

www.ingramcontent.com/pod-product-compliance
Lightning Source LLC
Chambersburg PA
CBHW060912050426
42453CB00010B/1679